Avventure Bilingui: Storie Incantate per Imparare l'Inglese

Artici English

Published by Artici English, 2024.

While every precaution has been taken in the preparation of this book, the publisher assumes no responsibility for errors or omissions, or for damages resulting from the use of the information contained herein.

AVVENTURE BILINGUI: STORIE INCANTATE PER IMPARARE L'INGLESE

First edition. June 5, 2024.

ISBN: 979-8224216413

Written by Artici English.

Table of Contents

The Melodious Farmer: A Tale of Song and Harvest

Once upon a time, in the picturesque countryside of Italy, there lived a farmer named Antonio. Unlike other farmers who spent their days toiling in silence, Antonio had a special talent – he could sing like a nightingale. From dawn till dusk, as he worked in his fields, his voice echoed across the rolling hills, filling the air with joy and harmony.

Children from nearby villages would often gather at the edge of Antonio's farm, drawn by the enchanting melody of his voice. They would sit under the shade of an ancient olive tree, listening in awe as he sang songs of love, laughter, and the beauty of nature.

Antonio's farm was unlike any other. His crops flourished under the spell of his melodious tunes. His tomatoes were plumper, his grapes juicier, and his wheat taller than any in the region. It was said that even the sunflowers turned their faces towards him, swaying in time with his music.

But Antonio's greatest joy came from sharing his gift with others. Every Saturday evening, he would invite the villagers to a grand feast on his farm. Tables were laden with the freshest produce from his fields, and the air was filled with laughter and song.

One day, a wicked landowner named Signor Delfino came to know of Antonio's magical farm. Jealous of his success, Signor

Delfino devised a wicked plan to put an end to Antonio's singing once and for all.

Under the cover of darkness, Signor Delfino and his cronies sneaked into Antonio's farm and stole his precious livestock. They thought that without his animals, Antonio would lose his livelihood and his voice would be silenced forever.

Heartbroken and devastated, Antonio woke up to find his farm in ruins. But instead of despairing, he took a deep breath and began to sing. His voice, filled with determination and hope, soared across the fields and reached the hearts of all who heard it.

Moved by Antonio's resilience, the villagers rallied together to help him rebuild his farm. They brought back his stolen animals, repaired his barns, and planted new seeds in his fields. And as they worked side by side, Antonio sang with even greater passion, filling the air with a renewed sense of hope and joy.

When Signor Delfino heard Antonio's voice ringing out once again, he realized that he could never defeat such pure-hearted goodness. Ashamed of his actions, he came to apologize to Antonio and asked for his forgiveness.

With a kind smile, Antonio welcomed Signor Delfino into his farm and forgave him. And from that day on, the two became the best of friends, working together to spread love and harmony throughout the countryside.

As for Antonio, his farm continued to thrive, and his voice remained a source of inspiration for generations to come. And though he faced many challenges along the way, he never stopped singing, for he knew that music had the power to heal hearts and bring people together in ways that nothing else could.

Il Contadino Melodioso: Un Racconto di Canzone e Raccolto

C'era una volta, nella pittoresca campagna italiana, viveva un contadino di nome Antonio. A differenza degli altri contadini che trascorrevano le loro giornate lavorando in silenzio, Antonio aveva un talento speciale - poteva cantare come un usignolo. Dal mattino alla sera, mentre lavorava nei suoi campi, la sua voce echeggiava sulle colline ondulate, riempiendo l'aria di gioia e armonia.

I bambini dei villaggi vicini si riunivano spesso ai margini della fattoria di Antonio, attratti dall'incantevole melodia della sua voce. Si sedevano all'ombra di un antico ulivo, ascoltando con stupore mentre cantava canzoni d'amore, risate e la bellezza della natura.

La fattoria di Antonio era diversa da qualsiasi altra. I suoi raccolti prosperavano sotto l'incanto delle sue melodie melodiose. I suoi pomodori erano più succosi, le sue uve più succose e il suo grano più alto di tutti nella regione. Si diceva che anche i girasoli volgessero il volto verso di lui, ondeggiando al ritmo della sua musica.

Ma la gioia più grande di Antonio veniva dal condividere il suo dono con gli altri. Ogni sabato sera, invitava i villaggi a un grande banchetto nella sua fattoria. I tavoli erano pieni dei prodotti più freschi dei suoi campi, e l'aria era piena di risate e canzoni.

Un giorno, un malvagio proprietario terriero di nome Signor Delfino venne a conoscenza della magica fattoria di Antonio. Geloso del suo successo, Signor Delfino escogitò un piano malvagio per mettere fine al canto di Antonio una volta per tutte.

Sotto il manto dell'oscurità, Signor Delfino e i suoi scagnozzi si introdussero furtivamente nella fattoria di Antonio e rubarono il suo prezioso bestiame. Pensavano che senza i suoi animali, Antonio avrebbe perso il suo sostentamento e la sua voce sarebbe stata silenziata per sempre.

Spezzato e devastato, Antonio si svegliò per trovare la sua fattoria in rovina. Ma invece di disperarsi, fece un profondo respiro e cominciò a cantare. La sua voce, piena di determinazione e speranza, si elevava sui campi e raggiungeva i cuori di tutti coloro che l'ascoltavano.

Mossi dalla resilienza di Antonio, i villaggi si unirono per aiutarlo a ricostruire la sua fattoria. Riportarono indietro i suoi animali rubati, ripararono le sue stalle e piantarono nuovi semi nei suoi campi. E mentre lavoravano fianco a fianco, Antonio cantava con ancora maggiore passione, riempiendo l'aria di un rinnovato senso di speranza e gioia.

Quando Signor Delfino sentì la voce di Antonio risuonare ancora una volta, si rese conto che non avrebbe mai potuto sconfiggere una bontà così pura di cuore. Vergognoso delle sue azioni, venne a chiedere scusa ad Antonio e chiese il suo perdono.

Con un sorriso gentile, Antonio accolse Signor Delfino nella sua fattoria e lo perdonò. E da quel giorno in poi, i due divennero i migliori amici, lavorando insieme per diffondere amore e armonia in tutta la campagna.

Per quanto riguarda Antonio, la sua fattoria continuò a prosperare, e la sua voce rimase una fonte di ispirazione per le generazioni a venire. E sebbene affrontasse molte sfide lungo il cammino, non smise mai di cantare, perché sapeva che la musica aveva il potere di guarire i cuori e unire le persone in modi che nient'altro poteva fare.

The Extraordinary Adventures of Octavius the Octopus

In the depths of the shimmering blue sea, there lived a most remarkable creature named Octavius. He was not your ordinary octopus, for he possessed eight dazzling tentacles and a heart as big as the ocean itself. But what truly set Octavius apart was his insatiable curiosity and his unquenchable thirst for adventure.

From the coral reefs to the mysterious depths of underwater caves, Octavius explored every corner of the sea, eager to discover its secrets. He danced with the dolphins, played hide-and-seek with the clownfish, and even befriended a grumpy old crab named Crusty.

But despite his many adventures, Octavius longed for something more. He dreamed of exploring the world above the surface, where the sky stretched as far as the eye could see and the sun warmed the earth with its golden rays.

One day, as Octavius was swimming near the surface, he spotted a magnificent ship sailing above him. Its billowing sails and gleaming hull filled him with wonder, and he knew that he had to see the world beyond the sea.

Summoning all his courage, Octavius propelled himself out of the water and onto the deck of the ship. The sailors, who had never seen an octopus before, gasped in amazement at the sight of him.

But Octavius was not afraid. With a friendly smile, he introduced himself to the captain and asked if he could join their crew. The captain, a kind-hearted man named Captain Jack, was taken aback by Octavius's request but was intrigued by his bravery.

After much deliberation, Captain Jack agreed to let Octavius stay on board as the ship's mascot. And so, Octavius embarked on the adventure of a lifetime, sailing to distant lands and experiencing wonders beyond his wildest dreams.

Together with his new friends, Octavius braved fierce storms, battled fearsome sea monsters, and navigated treacherous waters. But through it all, he never lost sight of his ultimate goal – to see the world above the sea.

Finally, after many months at sea, the ship arrived at a bustling port town. As Octavius gazed in wonder at the colorful buildings and bustling streets, he knew that his moment had come.

With a determined heart, Octavius bid farewell to Captain Jack and his crew and set off to explore the world on his own. He traveled far and wide, making friends wherever he went and spreading joy with his playful antics.

But as the days turned into weeks and the weeks into months, Octavius began to feel a pang of homesickness. Despite all the wonders he had seen and the friends he had made, he longed to return to the sea, where he truly belonged.

With a heavy heart, Octavius made his way back to the port town, hoping to find a way home. But to his dismay, he discovered that the ship he had sailed on was no longer there, and he was stranded on land with no way to return to the sea.

Just when all seemed lost, Octavius heard a familiar voice calling out to him. It was Captain Jack, who had returned to the port town in search of his adventurous mascot.

Overjoyed to see his friend once again, Octavius rushed into Captain Jack's arms, his heart filled with gratitude. And as they sailed back to the open sea together, Octavius knew that he had found not only a friend but a family who would always stand by his side.

From that day on, Octavius continued to explore the world, but he never forgot the lessons he had learned during his time on land. And though his adventures took him to the farthest corners of the earth, he always carried with him the memory of the sea and the friends who had helped him find his way home.

Le Straordinarie Avventure di Ottavio il Polpo

Nelle profondità del mare blu scintillante, viveva una creatura molto straordinaria chiamata Ottavio. Non era un polpo ordinario, perché possedeva otto tentacoli sfavillanti e un cuore grande quanto l'oceano stesso. Ma ciò che davvero distingueva Ottavio era la sua insaziabile curiosità e la sua sete inestinguibile di avventura.

Dai coralli alle misteriose profondità delle grotte sottomarine, Ottavio esplorava ogni angolo del mare, desideroso di scoprirne i segreti. Danzava coi delfini, giocava a nascondino con i pesci pagliaccio, e persino stringeva amicizia con un vecchio granchio brontolone chiamato Crostaceo.

Ma nonostante le sue numerose avventure, Ottavio desiderava qualcosa di più. Sognava di esplorare il mondo al di sopra della superficie, dove il cielo si estendeva fino all'orizzonte e il sole riscaldava la terra con i suoi raggi dorati.

Un giorno, mentre Ottavio nuotava vicino alla superficie, avvistò una magnifica nave che navigava sopra di lui. Le sue vele svolazzanti e lo scafo lucente lo riempirono di meraviglia, e sapeva che doveva vedere il mondo al di là del mare.

Raccogliendo tutto il suo coraggio, Ottavio si spinse fuori dall'acqua e sulla coperta della nave. I marinai, che non avevano mai visto un polpo prima d'allora, sbalordirono al suo cospetto.

Ma Ottavio non era spaventato. Con un sorriso amichevole, si presentò al capitano e chiese se poteva unirsi all'equipaggio. Il capitano, un uomo dal cuore gentile di nome Capitano Jack, rimase colpito dalla richiesta di Ottavio ma fu incuriosito dalla sua bravura.

Dopo molte deliberazioni, il Capitano Jack acconsentì a far restare Ottavio a bordo come mascotte della nave. E così, Ottavio intraprese l'avventura della sua vita, navigando verso terre lontane ed esplorando meraviglie oltre i suoi sogni più selvaggi.

Insieme ai suoi nuovi amici, Ottavio affrontò tempeste furiose, combatteva contro temibili mostri marini e navigava acque insidiose. Ma attraverso tutto ciò, non perse mai di vista il suo obiettivo finale: vedere il mondo al di sopra del mare.

Finalmente, dopo molti mesi in mare, la nave arrivò in una vivace cittadina portuale. Mentre Ottavio guardava con meraviglia gli edifici colorati e le strade affollate, sapeva che il suo momento era arrivato.

Con un cuore determinato, Ottavio disse addio al Capitano Jack e al suo equipaggio e partì per esplorare il mondo da solo. Viaggiò per mare e per terra, facendo amicizia ovunque andasse e diffondendo gioia con le sue buffonate giocose.

Ma man mano che i giorni si trasformavano in settimane e le settimane in mesi, Ottavio cominciò a sentire un pizzico di nostalgia di casa. Nonostante tutte le meraviglie che aveva visto e gli amici che aveva fatto, desiderava tornare al mare, dove veramente apparteneva.

Con un cuore pesante, Ottavio fece ritorno alla città portuale, sperando di trovare un modo per tornare a casa. Ma con sua sorpresa, scoprì che la nave su cui aveva navigato non c'era più, e si trovò bloccato a terra senza possibilità di ritorno al mare.

Proprio quando tutto sembrava perduto, Ottavio sentì una voce familiare chiamarlo. Era il Capitano Jack, che era tornato nella città portuale in cerca della sua mascotte avventurosa.

Felice di rivedere il suo amico ancora una volta, Ottavio corse tra le braccia del Capitano Jack, il cuore colmo di gratitudine. E mentre navigavano di nuovo insieme verso il mare aperto, Ottavio sapeva di aver trovato non solo un amico ma una famiglia che sarebbe sempre stata al suo fianco.

Da quel giorno in poi, Ottavio continuò ad esplorare il mondo, ma non dimenticò mai le lezioni apprese durante il suo tempo a terra. E anche se le sue avventure lo portarono agli angoli più remoti della terra, portava sempre con sé il ricordo del mare e degli amici che l'avevano aiutato a trovare la strada di casa.

Timmy and the Magical Thunderstorm

In a quaint little village nestled between rolling hills and lush green meadows, there lived a young boy named Timmy. Timmy was not your ordinary boy; he had a wild imagination and an adventurous spirit that often led him into mischief.

One hot summer day, as Timmy played in his backyard, he noticed dark clouds gathering in the sky. The air crackled with electricity, and he could feel the rumble of thunder in the distance. Excited by the prospect of a thunderstorm, Timmy ran inside to tell his parents.

But to his dismay, his parents were busy with chores and paid little attention to his excitement. "Stay indoors, Timmy," his mother said sternly. "Thunderstorms can be dangerous."

Undeterred, Timmy decided to explore the village on his own. As he wandered through the narrow streets, he could feel the energy building in the air, and he knew that something magical was about to happen.

Suddenly, a bolt of lightning lit up the sky, followed by a deafening clap of thunder. Timmy gasped in awe as the heavens opened up, unleashing a torrential downpour upon the village below.

But instead of seeking shelter like the other villagers, Timmy danced and twirled in the rain, his laughter mingling with the thunderous roar of the storm. It was as if the raindrops were his partners in a grand ballet, swirling around him in a symphony of light and sound.

As the storm raged on, Timmy noticed something strange happening around him. The raindrops seemed to shimmer and sparkle with an otherworldly glow, and the wind whispered secrets in his ear.

Intrigued, Timmy followed the whispers until he reached the edge of the village, where he stumbled upon a hidden glade shrouded in mist. In the center of the glade stood a majestic oak tree, its branches reaching towards the sky like outstretched arms.

But what truly caught Timmy's eye was the figure standing beneath the oak tree – a mysterious old man with a long beard and twinkling eyes. He beckoned to Timmy with a crooked finger, his voice like the gentle rumble of distant thunder.

"Come closer, young one," the old man said with a smile. "Do not be afraid. I am the guardian of the storm, and I have been watching you with great interest."

Timmy approached the old man cautiously, his heart pounding with excitement. "Who are you?" he asked, his voice barely above a whisper.

"I am the keeper of the storm," the old man replied. "And you, young Timmy, have been chosen to witness something truly extraordinary."

With a wave of his hand, the old man summoned a swirling vortex of wind and rain, creating a magnificent spectacle of light and sound. Timmy watched in awe as the storm danced and twirled around him, its power both terrifying and beautiful.

But as the storm reached its crescendo, Timmy sensed a darkness lurking at its heart. A shadowy figure emerged from the swirling clouds, its eyes flashing with malice.

"Behold the Storm King," the old man said gravely. "He is the master of chaos and destruction, and he seeks to unleash his fury upon the world."

Determined to stop the Storm King, Timmy stepped forward, his eyes blazing with courage. "I won't let you harm anyone," he declared boldly. "Not while I'm around."

With a mighty roar, the Storm King lunged at Timmy, his dark tendrils reaching out to engulf him. But Timmy stood his ground, his heart filled with determination and love.

And then something extraordinary happened. As Timmy reached out to the Storm King with outstretched arms, a brilliant light erupted from his fingertips, illuminating the darkness and driving the evil spirit away.

With a triumphant cry, Timmy watched as the Storm King disappeared into the swirling clouds, never to be seen again. The storm began to dissipate, its fury replaced by a gentle breeze that whispered of peace and hope.

As the sun broke through the clouds and bathed the village in golden light, Timmy turned to the old man with a smile. "Thank you for showing me the magic of the storm," he said gratefully.

The old man nodded, his eyes twinkling with pride. "Remember, young Timmy, courage and kindness are the greatest powers of all. With them, you can overcome any obstacle and weather any storm."

And with that, the old man vanished into thin air, leaving Timmy alone in the glade. But as he looked up at the sky, Timmy knew that he would never forget the lessons he had learned that day – and that the magic of the storm would always be a part of him, wherever his adventures took him.

Timmy e la Magica Tempesta

In un pittoresco villaggio nascosto tra colline ondulate e verdi prati lussureggianti, viveva un giovane ragazzo di nome Timmy. Timmy non era un ragazzo ordinario; aveva una fantasia selvaggia e uno spirito avventuroso che spesso lo portava in pasticci.

Un caldo giorno d'estate, mentre Timmy giocava nel suo cortile, notò nuvole scure che si raccoglievano nel cielo. L'aria scoppiettava di elettricità, e poteva sentire il rombo del tuono in lontananza. Eccitato dalla prospettiva di un temporale, Timmy corse dentro a raccontare ai suoi genitori.

Ma con suo disappunto, i suoi genitori erano occupati con i lavori domestici e prestavano poca attenzione alla sua eccitazione. "Rimani dentro, Timmy," disse severamente sua madre. "I temporali possono essere pericolosi."

Non scoraggiato, Timmy decise di esplorare il villaggio da solo. Mentre vagava per le strette strade, poteva sentire l'energia crescere nell'aria, e sapeva che qualcosa di magico stava per accadere.

All'improvviso, un lampo illuminò il cielo, seguito da un assordante tuono. Timmy rimase sbalordito mentre il cielo si apriva, scatenando un diluvio torrenziale sul villaggio sottostante.

Ma invece di cercare riparo come gli altri abitanti del villaggio, Timmy danzava e volteggiava sotto la pioggia, la sua risata si mescolava al fragoroso ruggito della tempesta. Era come se le gocce di pioggia fossero le sue compagne in un grande balletto, che lo avvolgevano in una sinfonia di luce e suono.

Mentre la tempesta infuriava, Timmy notò qualcosa di strano accadere intorno a lui. Le gocce di pioggia sembravano luccicare e brillare con un bagliore ultraterreno, e il vento sussurrava segreti al suo orecchio.

Intrigato, Timmy seguì i sussurri fino ad arrivare al limite del villaggio, dove inciampò in una radura nascosta avvolta dalla nebbia. Al centro della radura c'era un maestoso albero di quercia, i cui rami si protendevano verso il cielo come braccia tese.

Ma ciò che catturò veramente l'attenzione di Timmy fu la figura che stava sotto l'albero di quercia - un misterioso vecchio con una lunga barba e occhi luccicanti. Lo chiamò con un dito curvo, la sua voce come il mormorio gentile di un tuono lontano.

"Vieni più vicino, giovane," disse il vecchio con un sorriso. "Non avere paura. Io sono il custode della tempesta, e ti ho osservato con grande interesse."

Timmy si avvicinò al vecchio con cautela, il cuore che gli batteva forte dall'eccitazione. "Chi sei tu?" chiese, la voce appena sopra un sussurro.

"Io sono il custode della tempesta," rispose il vecchio. "E tu, giovane Timmy, sei stato scelto per assistere a qualcosa di veramente straordinario."

Con un gesto della mano, il vecchio evocò un vortice di vento e pioggia, creando uno spettacolo magnifico di luce e suono. Timmy guardò con stupore mentre la tempesta danzava e volteggiava intorno a lui, il suo potere sia terrificante che bello.

Ma mentre la tempesta raggiungeva il suo culmine, Timmy sentiva un'ombra che si nascondeva al suo cuore. Una figura oscura emerse dalle nuvole turbolente, gli occhi lampeggiavano di malizia.

"Ecco il Re della Tempesta," disse il vecchio gravemente. "È il padrone del caos e della distruzione, e cerca di scatenare la sua furia sul mondo."

Deciso a fermare il Re della Tempesta, Timmy fece un passo avanti, gli occhi brillanti di coraggio. "Non ti permetterò di far del male a nessuno," dichiarò audacemente. "Non finché io sono qui."

Con un potente ruggito, il Re della Tempesta si scagliò su Timmy, i suoi tentacoli oscuri tendevano ad avvolgerlo. Ma Timmy rimase fermo, il cuore pieno di determinazione e amore.

E poi accadde qualcosa di straordinario. Mentre Timmy tendeva le braccia al Re della Tempesta, una luce brillante eruppe dalle sue dita, illuminando l'oscurità e scacciando via lo spirito maligno.

Con un grido trionfante, Timmy guardò mentre il Re della Tempesta scompariva nelle nuvole turbolente, non più destinato a essere visto. La tempesta cominciò a dissiparsi, la sua furia sostituita da una brezza leggera che sussurrava di pace e speranza.

Mentre il sole squarciava le nuvole e bagnava il villaggio con la luce dorata, Timmy si voltò verso il vecchio con un sorriso. "Grazie per avermi mostrato la magia della tempesta," disse grate.

Il vecchio annuì, gli occhi luccicanti di orgoglio. "Ricorda, giovane Timmy, il coraggio e la gentilezza sono i più grandi poteri di tutti. Con essi, puoi superare qualsiasi ostacolo e affrontare qualsiasi tempesta."

E con questo, il vecchio scomparve nel nulla, lasciando Timmy da solo nella radura. Ma mentre guardava il cielo, Timmy sapeva che non avrebbe mai dimenticato le lezioni apprese quel giorno - e che la magia della tempesta sarebbe sempre stata parte di lui, ovunque le sue avventure lo portassero.

The Dragon of Dragonvale

In the enchanting land of Dragonvale, where emerald forests stretched as far as the eye could see and crystal-clear rivers flowed with magic, there lived a most extraordinary creature – a dragon named Draco. Draco was not your typical fire-breathing dragon; he was kind-hearted and gentle, with shimmering scales that sparkled in the sunlight.

Despite his fearsome appearance, Draco had always longed for friendship. But the other creatures of Dragonvale were wary of him, believing the old tales that spoke of dragons as fierce and dangerous beasts.

So Draco spent his days soaring through the skies, his wings outstretched as he searched for someone who would accept him for who he truly was. But no matter how hard he tried, he could never seem to find a friend.

One day, as Draco flew over the village of Dragonvale, he spotted a young boy named Luca playing in a meadow below. Luca had a twinkle in his eye and a mischievous grin on his face, and Draco could tell at once that he was someone special.

Intrigued, Draco landed gracefully in the meadow, his wings folded neatly against his back. Luca gasped in awe at the sight of the magnificent dragon standing before him, his scales shimmering in the sunlight.

"Hello there," Draco said with a friendly smile. "My name is Draco. What's yours?"

"I'm Luca," the boy replied, his eyes wide with wonder. "Are you a real dragon?"

Draco nodded proudly. "Indeed I am. And I've been searching for a friend to share my adventures with. Would you like to be my friend, Luca?"

Luca's face lit up with excitement. "Of course I would!" he exclaimed, reaching out to pat Draco's snout. "I've always wanted a dragon friend."

And so, Draco and Luca became the unlikeliest of friends, embarking on grand adventures together and exploring every corner of Dragonvale. They soared through the skies, raced through the forest, and splashed in the crystal-clear rivers, their laughter echoing through the land.

But their friendship was put to the test when a wicked sorcerer named Malachi arrived in Dragonvale, intent on capturing Draco and harnessing his power for his own nefarious purposes.

With his dark magic and his army of shadowy creatures, Malachi laid siege to the village, spreading fear and chaos wherever he went. The villagers cowered in their homes, too terrified to stand up to the sorcerer's tyranny.

But Draco refused to let Malachi's evil deeds go unchecked. Drawing upon his courage and his friendship with Luca, he vowed to protect Dragonvale and its inhabitants from harm.

Together, Draco and Luca devised a daring plan to defeat Malachi and restore peace to the land. With Luca riding atop his back, Draco swooped down from the skies, unleashing torrents of flame upon Malachi's forces and driving them back with his mighty roar.

But Malachi was not so easily defeated. With a flick of his wrist, he unleashed a powerful spell that sent Draco crashing to the ground, his wings pinned beneath him.

As Malachi closed in for the final blow, Luca stood bravely between Draco and the sorcerer, his eyes blazing with determination. "You'll have to get through me first," he said defiantly.

Moved by Luca's selfless courage, Draco summoned all his strength and broke free from his bonds, unleashing a blinding burst of light that engulfed Malachi and banished him from Dragonvale forever.

With Malachi defeated and peace restored to the land, the villagers gathered around Draco and Luca, their faces filled with gratitude. "You are a true hero, Draco," they said, their voices ringing out like bells. "And Luca, you are a brave and loyal friend."

As the sun set on Dragonvale, casting a golden glow across the land, Draco and Luca knew that their friendship would endure forever. For in a world filled with magic and wonder, there was nothing more powerful than the bond between a dragon and his friend.

Il Drago di Dragonvale

Nell'incantevole terra di Dragonvale, dove foreste smeraldo si estendevano fino all'orizzonte e fiumi cristallini scorrevano con la magia, viveva una creatura straordinaria - un drago di nome Draco. Draco non era il solito drago sputafuoco; era gentile e delicato, con squame luccicanti che scintillavano alla luce del sole.

Nonostante la sua spaventosa apparenza, Draco aveva sempre desiderato l'amicizia. Ma le altre creature di Dragonvale erano diffidenti nei suoi confronti, credendo alle vecchie storie che parlavano dei draghi come bestie feroci e pericolose.

Così Draco trascorreva le sue giornate volando tra i cieli, le sue ali spiegate mentre cercava qualcuno che lo accettasse per quello che era veramente. Ma non importa quanto duramente provasse, sembrava non riuscire mai a trovare un amico.

Un giorno, mentre Draco volava sopra il villaggio di Dragonvale, scorse un giovane ragazzo di nome Luca giocare in un prato sottostante. Luca aveva uno scintillio negli occhi e un sorriso birichino sul viso, e Draco capì subito che era qualcuno di speciale.

Intrigato, Draco atterrò elegantemente nel prato, le sue ali piegate ordinatamente contro la schiena. Luca rimase sbalordito alla vista del magnifico drago davanti a lui, le sue squame scintillanti alla luce del sole.

"Ciao là," disse Draco con un sorriso amichevole. "Il mio nome è Draco. Il tuo?"

"Io sono Luca," rispose il ragazzo, gli occhi spalancati di meraviglia. "Sei un vero drago?"

Draco annuì orgoglioso. "Certamente. E ho cercato un amico con cui condividere le mie avventure. Ti piacerebbe essere il mio amico, Luca?"

Il viso di Luca si illuminò di eccitazione. "Certo che sì!" esclamò, tendendo la mano per accarezzare il muso di Draco. "Ho sempre desiderato un amico drago."

E così, Draco e Luca divennero gli amici più improbabili, intraprendendo avventure grandiose insieme ed esplorando ogni angolo di Dragonvale. Volavano tra i cieli, correvano attraverso la foresta e schizzavano nei fiumi cristallini, la loro risata echeggiava per la terra.

Ma la loro amicizia fu messa alla prova quando un malvagio stregone di nome Malachi arrivò a Dragonvale, intenzionato a catturare Draco e a utilizzare il suo potere per i suoi scopi nefasti.

Con la sua magia oscura e il suo esercito di creature oscure, Malachi mise sotto assedio il villaggio, diffondendo paura e caos ovunque andasse. Gli abitanti del villaggio si rintanarono nelle loro case, troppo terrorizzati per opporsi alla tirannia dello stregone.

Ma Draco rifiutò di lasciare impuniti i misfatti di Malachi. Attingendo al suo coraggio e alla sua amicizia con Luca, giurò di proteggere Dragonvale e i suoi abitanti da ogni pericolo.

Insieme, Draco e Luca idearono un piano audace per sconfiggere Malachi e ripristinare la pace nella terra. Con Luca che cavalcava sulla sua schiena, Draco si abbatté dai cieli, scatenando torrenti di fiamme sulle forze di Malachi e respingendole con il suo potente ruggito.

Ma Malachi non fu così facilmente sconfitto. Con un gesto del polso, scatenò un potente incantesimo che mandò Draco a schiantarsi a terra, le sue ali bloccate sotto di lui.

Mentre Malachi si avvicinava per il colpo finale, Luca si mise coraggiosamente tra Draco e lo stregone, gli occhi ardenti di determinazione. "Dovrai passare attraverso di me prima," disse con fierezza.

Mossi dal coraggio altruista di Luca, Draco radunò tutte le sue forze e si liberò dai suoi legami, scatenando una luce accecante che avvolse Malachi e lo bandì per sempre da Dragonvale.

Con Malachi sconfitto e la pace ripristinata nella terra, gli abitanti del villaggio si radunarono intorno a Draco e Luca, i loro volti pieni di gratitudine. "Sei un vero eroe, Draco," dissero, le loro voci risuonavano come campane. "E Luca, sei un amico coraggioso e leale."

Mentre il sole tramontava su Dragonvale, gettando un bagliore dorato su tutta la terra, Draco e Luca sapevano che la loro amicizia sarebbe durata per sempre. Per in un mondo pieno di magia e meraviglie, non c'era nulla di più potente del legame tra un drago e il suo amico.

The Enchanted Adventures of Ella and the Whimsical Bookstore

In the heart of a bustling city, tucked away between towering skyscrapers and bustling streets, there stood a quaint little bookstore called "Whimsy & Wonders." But this was no ordinary bookstore – it was a magical place where books came to life and stories leaped off the pages.

The owner of Whimsy & Wonders was a kind-hearted old man named Mr. Widget, who had a twinkle in his eye and a mischievous grin that hinted at the wonders hidden within his shop. With his long beard and his tattered hat, he looked more like a wizard than a bookstore owner, and many whispered that he possessed powers beyond imagination.

But what truly set Whimsy & Wonders apart was its collection of enchanted books – each one filled with spells, potions, and fantastical creatures that would leap off the pages and into the real world at the slightest touch.

One day, a curious young girl named Ella stumbled upon Whimsy & Wonders while exploring the city with her parents. Intrigued by the colorful sign above the door, she stepped inside and was immediately transported to a world of magic and wonder.

As Ella wandered through the aisles of the bookstore, she marveled at the countless shelves filled with books of every shape and size. There were dusty old tomes with faded covers, leather-bound journals filled with secrets, and brightly colored picture books that sparkled with magic.

But what truly caught Ella's eye was a mysterious book tucked away in the corner of the shop. Its cover was adorned with intricate designs and shimmering gold lettering that seemed to glow in the dim light of the store.

Curious, Ella reached out to touch the book, and as soon as her fingers brushed against the cover, she felt a tingling sensation run through her body. With a gasp of surprise, she watched as the book sprang to life before her eyes, its pages fluttering open to reveal a world of adventure and excitement.

Ella found herself drawn into the pages of the book, where she embarked on a thrilling journey through enchanted forests, mysterious castles, and far-off lands. Along the way, she encountered talking animals, friendly witches, and brave knights who helped her on her quest.

But as Ella delved deeper into the story, she realized that she was not just reading about the adventures – she was living them. With each turn of the page, she found herself facing new challenges and overcoming obstacles with courage and determination.

With the help of her newfound friends, Ella learned to harness the power of her imagination and unlock the magic within herself. Together, they faced down fearsome dragons, outwitted wicked sorcerers, and unraveled ancient mysteries that had been hidden for centuries.

But as the final chapter of the book drew near, Ella knew that her time in the magical world was coming to an end. With a heavy heart, she bid farewell to her friends and returned to the real world, clutching the book tightly to her chest.

Back in Whimsy & Wonders, Ella found Mr. Widget waiting for her with a knowing smile. "I see you've discovered the magic of our bookstore," he said warmly. "But remember, the real magic lies within you."

Ella nodded, her eyes shining with excitement. "Thank you, Mr. Widget," she said gratefully. "I'll never forget the adventures I had here – and I'll never stop believing in the power of imagination."

And with that, Ella left Whimsy & Wonders, her heart filled with wonder and her mind buzzing with new ideas for stories of her own. For she knew that no matter where her adventures took her, she would always carry a piece of the magic of the bookstore with her, guiding her on her journey through life.

Le Avventure Incantate di Ella e la Libreria Fantasiosa

Nel cuore di una città frenetica, nascosta tra altissimi grattacieli e strade affollate, c'era una pittoresca libreria chiamata "Fantasia & Meraviglie". Ma questa non era una libreria ordinaria - era un luogo magico dove i libri prendevano vita e le storie saltavano fuori dalle pagine.

Il proprietario di Fantasia & Meraviglie era un vecchio gentile di nome Signor Widget, che aveva uno scintillio negli occhi e un sorriso birichino che lasciava intravedere le meraviglie nascoste all'interno del suo negozio. Con la sua lunga barba e il suo cappello rattoppato, assomigliava più a un mago che a un proprietario di libreria, e molti sussurravano che possedesse poteri oltre l'immaginazione.

Ma ciò che davvero distingueva Fantasia & Meraviglie era la sua collezione di libri incantati - ognuno riempito di incantesimi, pozioni e creature fantastiche che saltavano fuori dalle pagine e nel mondo reale al minimo tocco.

Un giorno, una giovane curiosa di nome Ella inciampò in Fantasia & Meraviglie mentre esplorava la città con i suoi genitori. Incuriosita dal cartello colorato sopra la porta, entrò e fu immediatamente trasportata in un mondo di magia e meraviglia.

Mentre Ella vagava per i corridoi della libreria, rimase stupita dalle innumerevoli scaffalature piene di libri di ogni forma e dimensione. C'erano tomi vecchi e polverosi con copertine sbiadite, taccuini rilegati in pelle pieni di segreti e libri illustrati dai colori vivaci che scintillavano di magia.

Ma ciò che veramente catturò l'attenzione di Ella fu un misterioso libro nascosto in un angolo del negozio. La sua copertina era adornata con disegni intricati e lettere dorate che sembravano brillare nella luce fioca del negozio.

Curiosa, Ella tendeva la mano per toccare il libro, e appena le sue dita sfiorarono la copertina, sentì una sensazione di formicolio correre lungo il suo corpo. Con un sospiro di sorpresa, vide il libro prendere vita davanti ai suoi occhi, le pagine svolazzavano aprendosi per rivelare un mondo di avventure ed eccitazione.

Ella si trovò trascinata tra le pagine del libro, dove intraprese un'entusiasmante avventura attraverso foreste incantate, castelli misteriosi e terre lontane. Lungo il cammino, incontrò animali parlanti, streghe amichevoli e coraggiosi cavalieri che l'aiutarono nella sua ricerca.

Ma mentre Ella si immerse sempre più nella storia, si rese conto che non stava solo leggendo le avventure - le stava vivendo. Ad ogni pagina, si trovava di fronte a nuove sfide e superava gli ostacoli con coraggio e determinazione.

Con l'aiuto dei suoi nuovi amici, Ella imparò a sfruttare il potere della sua immaginazione e a sbloccare la magia dentro di sé. Insieme, affrontarono temibili draghi, ingannarono malvagi stregoni e svelarono antichi misteri che erano stati nascosti per secoli.

Ma mentre si avvicinava l'ultimo capitolo del libro, Ella sapeva che il suo tempo nel mondo magico stava per finire. Con il cuore pesante, disse addio ai suoi amici e tornò al mondo reale, stringendo il libro forte al petto.

Tornata a Fantasia & Meraviglie, Ella trovò il Signor Widget ad attenderla con un sorriso comprensivo. "Vedo che hai scoperto la magia della nostra libreria," disse calorosamente. "Ma ricorda, la vera magia risiede dentro di te."

Ella annuì, gli occhi brillanti di eccitazione. "Grazie, Signor Widget," disse con gratitudine. "Non dimenticherò mai le avventure che ho vissuto qui - e non smetterò mai di credere nel potere dell'immaginazione."

E con questo, Ella lasciò Fantasia & Meraviglie, il cuore pieno di meraviglia e la mente brulicante di nuove idee per storie tutte sue. Perché sapeva che non importa dove l'avrebbero portata le sue avventure, avrebbe sempre portato con sé un pezzo della magia della libreria, guidandola nel suo viaggio attraverso la vita.

The Ingenious Inventions of Professor Pizzazz

In the bustling town of Inventopia, where steam-powered contraptions whirred and clanked and gears spun in every direction, there lived a most remarkable inventor named Professor Pizzazz. With his wild hair, thick-rimmed glasses, and lab coat splattered with colorful stains, he looked more like a mad scientist than a respectable citizen – but to the people of Inventopia, he was a genius whose inventions knew no bounds.

From flying bicycles to rocket-powered umbrellas, Professor Pizzazz was known far and wide for his wild and wacky creations. But despite his many successes, he longed to invent something truly extraordinary – something that would change the world forever.

One day, as Professor Pizzazz tinkered away in his cluttered workshop, a bolt of inspiration struck him like a lightning bolt. With a gleam in his eye and a spring in his step, he set to work on his latest invention – a machine that could turn dreams into reality.

For weeks on end, Professor Pizzazz toiled away, pouring over blueprints and soldering wires until his fingers were sore and his eyes were bleary. But he never lost sight of his goal, for he knew that with a little bit of imagination and a whole lot of determination, anything was possible.

Finally, after countless sleepless nights and more than a few explosions, Professor Pizzazz put the finishing touches on his invention. With a triumphant cry, he flipped the switch and watched in amazement as the machine hummed to life, its gears whirring and pistons pumping as it began to work its magic.

With a sense of excitement coursing through his veins, Professor Pizzazz stepped into the machine and closed his eyes, allowing his mind to wander freely. And as he drifted off into a world of dreams and possibilities, he felt a surge of energy wash over him, filling him with a newfound sense of purpose.

When Professor Pizzazz opened his eyes once more, he found himself standing in the heart of a bustling metropolis unlike anything he had ever seen before. Towering skyscrapers reached towards the sky, their gleaming spires reflecting the light of the sun, while hovercars zipped through the streets below.

But what truly caught Professor Pizzazz's eye was the people – men and women of all ages and backgrounds, each one pursuing their dreams with passion and determination. From artists and musicians to scientists and inventors, they filled the city with their energy and enthusiasm, turning it into a hub of creativity and innovation.

Overwhelmed by the sights and sounds around him, Professor Pizzazz realized that he had succeeded beyond his wildest dreams. With his invention, he had created not just a machine, but a whole new world where anything was possible – a world where imagination reigned supreme and dreams became reality.

But as Professor Pizzazz explored the city, he soon discovered that not everything was as perfect as it seemed. For lurking in the shadows was a wicked villain named Baron Blight, whose dark magic threatened to destroy everything that Professor Pizzazz had worked so hard to create.

Determined to stop Baron Blight and save his newfound world from destruction, Professor Pizzazz joined forces with a brave band of heroes – a daring inventor named Isabella, a fearless warrior named Max, and a brilliant scientist named Dr. Doodlebug.

Together, they embarked on a daring quest to defeat Baron Blight and restore peace to the city. Along the way, they encountered all manner of obstacles and challenges, from deadly traps to fearsome monsters. But with their courage and ingenuity, they overcame every obstacle in their path, proving that even the most impossible dreams could come true with a little bit of teamwork and determination.

In the end, Professor Pizzazz and his friends emerged victorious, banishing Baron Blight from the city once and for all and restoring harmony to the land. As they stood triumphantly amidst the ruins of Baron Blight's lair, they knew that their adventures were far from over – for in a world where imagination knew no bounds, there was always another adventure waiting just around the corner.

I Cervelli Ingegnosi del Professor Pizzazz

Nella vivace città di Inventopia, dove le macchine a vapore ronzavano e sbuffavano e gli ingranaggi giravano in ogni direzione, viveva un inventore molto eccezionale di nome Professor Pizzazz. Con i suoi capelli selvaggi, gli occhiali spessi e il camice macchiato di colorate macchie, sembrava più un pazzo scienziato che un rispettabile cittadino - ma per la gente di Inventopia, era un genio le cui invenzioni non conoscevano limiti.

Dalle biciclette volanti agli ombrelli a propulsione a razzo, il Professor Pizzazz era conosciuto ovunque per le sue creazioni stravaganti e bizzarre. Ma nonostante i suoi molti successi, desiderava inventare qualcosa di veramente straordinario - qualcosa che avrebbe cambiato il mondo per sempre.

Un giorno, mentre il Professor Pizzazz lavorava nel suo laboratorio disordinato, un lampo di ispirazione lo colpì come un fulmine. Con uno scintillio negli occhi e un balzo nel passo, si mise al lavoro sulla sua ultima invenzione - una macchina che poteva trasformare i sogni in realtà.

Per settimane intere, il Professor Pizzazz lavorò duramente, consultando i disegni e saldando fili fino a quando le sue dita erano doloranti e gli occhi annebbiati. Ma non perse mai di vista il suo obiettivo, perché sapeva che con un po' di immaginazione e molta determinazione, tutto era possibile.

Finalmente, dopo innumerevoli notti insonni e più di qualche esplosione, il Professor Pizzazz mise gli ultimi ritocchi alla sua invenzione. Con un grido trionfante, azionò l'interruttore e osservò con stupore mentre la macchina prendeva vita, i suoi ingranaggi girando e i pistoni pompare mentre iniziava a fare magie.

Con un senso di eccitazione che gli correva nelle vene, il Professor Pizzazz entrò nella macchina e chiuse gli occhi, permettendo alla sua mente di vagare liberamente. E mentre si lasciava trasportare in un mondo di sogni e possibilità, sentì un'ondata di energia attraversarlo, riempiendolo di un nuovo senso di scopo.

Quando il Professor Pizzazz riaprì gli occhi, si trovò nel cuore di una metropoli frenetica come non ne aveva mai vista prima. Altissimi grattacieli si ergevano verso il cielo, le loro guglie splendenti riflettevano la luce del sole, mentre le auto volanti sfrecciavano per le strade sottostanti.

Ma ciò che catturò veramente l'attenzione del Professor Pizzazz furono le persone - uomini e donne di tutte le età e estrazioni, ognuno inseguito i propri sogni con passione e determinazione. Da artisti e musicisti a scienziati e inventori, riempivano la città della loro energia e entusiasmo, trasformandola in un polo di creatività e innovazione.

Sopraffatto dai suoni e dalle immagini intorno a lui, il Professor Pizzazz si rese conto di aver avuto successo oltre ogni sua più folle speranza. Con la sua invenzione, aveva creato non solo una macchina, ma un intero nuovo mondo dove tutto era possibile

- un mondo dove l'immaginazione regnava sovrana e i sogni diventavano realtà.

Ma mentre il Professor Pizzazz esplorava la città, presto scoprì che non tutto era perfetto come sembrava. Perché nell'ombra si nascondeva un malvagio villain di nome Barone Blight, il cui oscuro potere minacciava di distruggere tutto ciò che il Professor Pizzazz aveva così duramente lavorato per creare.

Deciso a fermare Barone Blight e salvare il suo nuovo mondo dalla distruzione, il Professor Pizzazz si unì a una coraggiosa banda di eroi - un audace inventore di nome Isabella, un coraggioso guerriero di nome Max e un brillante scienziato di nome Dr. Doodlebug.

Insieme, intrapresero una coraggiosa missione per sconfiggere Barone Blight e ripristinare la pace nella città. Lungo il cammino, incontrarono ogni sorta di ostacoli e sfide, da trappole mortali a mostri temibili. Ma con il loro coraggio e la loro ingegnosità, superarono ogni ostacolo sul loro cammino, dimostrando che anche i sogni più impossibili potevano diventare realtà con un po' di lavoro di squadra e determinazione.

Alla fine, il Professor Pizzazz e i suoi amici emersero vittoriosi, bandendo Barone Blight dalla città una volta per tutte e ripristinando l'armonia nella terra. Mentre stavano in piedi trionfalmente tra le rovine del covo di Barone Blight, sapevano che le loro avventure erano lontane dall'essere finite - perché in un mondo dove l'immaginazione non conosceva limiti, c'era sempre un'altra avventura in attesa proprio dietro l'angolo.

Gulliver the Heroic Seagull

In the charming coastal town of Seasideville, where the waves whispered secrets to the shore and the salty breeze carried the scent of adventure, there lived a seagull named Gulliver. Unlike the other seagulls, who spent their days squawking and squabbling over fish and chips, Gulliver had a heart full of courage and a beak ready to help anyone in need.

Gulliver's adventures began on a sunny morning when the town was preparing for the annual Seasideville Fair. The fair was the highlight of the year, attracting visitors from near and far with its dazzling rides, scrumptious food stalls, and the grand parade. Everyone in Seasideville was busy setting up, including a young girl named Lily, who was hanging colorful bunting with her grandfather, Mr. Pippin, the fair's organizer.

As Gulliver soared high above the bustling town, he noticed something unusual. At the edge of the pier, a small, scruffy dog was barking frantically. Gulliver swooped down to investigate and discovered the dog's problem – a tiny kitten was stranded on a slippery rock, surrounded by rising tides.

Without a moment's hesitation, Gulliver swooped low and gently lifted the kitten with his strong beak, carefully flying it to safety. The grateful dog, who belonged to Lily, wagged his tail and barked a joyful thank you.

Lily, seeing the heroic seagull in action, named the dog Biscuit and took both him and the kitten into her care. Word of Gulliver's bravery spread quickly through Seasideville, and he soon became a beloved figure in the town, always ready to lend a helping wing.

One day, as the fair preparations reached fever pitch, Mr. Pippin noticed that the most important part of the event was missing – the Great Golden Banner. This banner, a symbol of the fair's long history, had always flown proudly from the tallest mast in Seasideville. But now, it was nowhere to be found.

Panic spread through the town. How could they have the fair without the Great Golden Banner? Just then, a little boy named Tommy spotted a glimmer of gold in the distance. It was the banner, caught high up in the branches of a towering oak tree on the outskirts of town.

Mr. Pippin tried to climb the tree, but his old bones wouldn't allow it. The townsfolk tried ladders and ropes, but the banner was too high. It seemed all hope was lost until Gulliver, with his keen eyes and brave heart, arrived at the scene.

"I can fetch the banner!" Gulliver squawked confidently. He flapped his wings and soared up to the top of the oak tree. Carefully, he grasped the banner in his beak and, with a few strong beats of his wings, he freed it from the branches and brought it back down to the cheering crowd.

Seasideville had never seen such a hero. As a token of their gratitude, the townsfolk decided to honor Gulliver during the grand parade. They created a special float just for him, adorned with fish and chips, seashells, and shiny treasures from the beach.

On the day of the fair, Gulliver led the parade, perched proudly on his float. The townspeople cheered and waved, grateful for the brave seagull who had saved the day. Even Biscuit and the kitten, now named Pebble, were part of the celebration, wearing little hats and sitting on Gulliver's float.

But Gulliver's story didn't end there. As the sun set and the fair's lights twinkled against the darkening sky, Gulliver noticed something peculiar. The new ferris wheel, the main attraction of the fair, had stopped moving. People were stuck at the top, and they were starting to panic.

With a determined squawk, Gulliver flew up to the ferris wheel and saw that a piece of rope had tangled in the gears. He quickly pecked at the rope, his beak working fast to untangle the mess. In no time, the ferris wheel was moving again, and the stranded riders cheered as they descended safely.

From that day on, Gulliver was not just a hero, but a legend. He became the guardian of Seasideville, always ready to swoop in and save the day. The townspeople created a statue in his honor, a proud seagull with outstretched wings, placed right at the entrance of the town.

And every year, at the Seasideville Fair, the Great Golden Banner flew higher than ever, a reminder of the day a brave seagull named Gulliver saved the town with his courage and kindness.

The end.

Gulliver il Gabbiano Eroico

Nella deliziosa cittadina costiera di Seasideville, dove le onde sussurravano segreti alla riva e la brezza salmastra portava il profumo dell'avventura, viveva un gabbiano di nome Gulliver. A differenza degli altri gabbiani, che passavano le giornate strillando e litigando per il pesce e le patatine, Gulliver aveva un cuore pieno di coraggio e un becco pronto ad aiutare chiunque ne avesse bisogno.

Le avventure di Gulliver iniziarono una mattina soleggiata quando la città si preparava per la fiera annuale di Seasideville. La fiera era l'evento più importante dell'anno, attirando visitatori da vicino e da lontano con le sue giostre sfavillanti, le deliziose bancarelle di cibo e il grande corteo. Tutti a Seasideville erano impegnati a prepararsi, compresa una giovane ragazza di nome Lily, che stava appendendo festoni colorati con suo nonno, il signor Pippin, l'organizzatore della fiera.

Mentre Gulliver volava alto sopra la città frenetica, notò qualcosa di insolito. Sul bordo del molo, c'era un piccolo cane trasandato che abbaiava freneticamente. Gulliver scese in picchiata per investigare e scoprì il problema del cane: un piccolo gattino era bloccato su una roccia scivolosa, circondato dalle maree crescenti.

Senza esitazione, Gulliver scese in picchiata e sollevò delicatamente il gattino con il suo forte becco, portandolo in salvo con cura. Il cane grato, che apparteneva a Lily, scodinzolava e abbaiava un ringraziamento gioioso.

Lily, vedendo il gabbiano eroico in azione, chiamò il cane Biscotto e prese sia lui che il gattino, ora chiamato Ghiaia, sotto la sua cura. La notizia del coraggio di Gulliver si diffuse rapidamente attraverso Seasideville e presto divenne una figura amata in città, sempre pronto ad aiutare con una zampa.

Un giorno, mentre i preparativi per la fiera raggiungevano il culmine, il signor Pippin notò che la parte più importante dell'evento mancava: la Grande Bandiera Dorata. Questa bandiera, simbolo della lunga storia della fiera, era sempre sventolata con orgoglio dall'albero più alto di Seasideville. Ma ora, non si trovava da nessuna parte.

Il panico si diffuse attraverso la città. Come avrebbero potuto avere la fiera senza la Grande Bandiera Dorata? Proprio in quel momento, un ragazzo di nome Tommy notò un bagliore dorato in lontananza. Era la bandiera, intrappolata in alto tra i rami di una quercia maestosa ai margini della città.

Il signor Pippin cercò di arrampicarsi sull'albero, ma le sue vecchie ossa non lo permettevano. Gli abitanti del posto provavano scale e corde, ma la bandiera era troppo in alto. Sembrava che ogni speranza fosse persa fino a quando Gulliver, con i suoi occhi attenti e il cuore coraggioso, arrivò sulla scena.

"Posso prendere la bandiera!" gridò Gulliver con fiducia. Aprì le ali e volò fino in cima alla quercia. Con cura, afferrò la bandiera con il suo becco e, con qualche battito forte delle ali, la liberò dai rami e la riportò giù alla folla che applaudiva.

Seasideville non aveva mai visto un eroe del genere. In segno di gratitudine, gli abitanti del posto decisero di onorare Gulliver durante il grande corteo. Crearono un carro speciale solo per lui, adornato con pesce e patatine, conchiglie e tesori scintillanti della spiaggia.

Il giorno della fiera, Gulliver guidò il corteo, posato con orgoglio sul suo carro. Gli abitanti della città applaudivano e salutavano, grati al coraggioso gabbiano che aveva salvato la giornata. Anche Biscotto e il gattino, ora chiamato Ghiaia, facevano parte della celebrazione, indossando piccoli cappelli e seduti sul carro di Gulliver.

Ma la storia di Gulliver non finì qui. Mentre il sole tramontava e le luci della fiera luccicavano contro il cielo che si scuriva, Gulliver notò qualcosa di strano. La nuova ruota panoramica, la principale attrazione della fiera, si era fermata. Le persone erano bloccate in cima e cominciavano a entrare nel panico.

Con uno squarcio determinato, Gulliver volò fino alla ruota panoramica e vide che un pezzo di corda si era impigliato nei meccanismi. Velocemente, picchiettò la corda con il suo becco, lavorando velocemente per sbrogliare il pasticcio. In poco tempo, la ruota panoramica riprese a girare e i passeggeri bloccati applaudirono mentre scendevano in sicurezza.

Da quel giorno in poi, Gulliver non fu solo un eroe, ma una leggenda. Diventò il guardiano di Seasideville, sempre pronto a intervenire e salvare la situazione. Gli abitanti del posto crearono una statua in suo onore, un gabbiano fiero con le ali spiegate, posizata proprio all'ingresso della città.

E ogni anno, alla fiera di Seasideville, la Grande Bandiera Dorata sventolava più alta che mai, a ricordo del giorno in cui un coraggioso gabbiano di nome Gulliver salvò la città con il suo coraggio e la sua gentilezza.

Fine.

The Adventures of Apricot the Magic Tree

In the heart of a quaint village nestled between rolling hills and meandering streams, there stood a peculiar apricot tree known as Apricot. This was no ordinary tree, for it possessed a magical secret known only to a few.

Apricot's tale began many years ago when a kind old wizard named Merlin planted a single apricot seed in the center of the village square. As the years passed, the seed grew into a magnificent tree, its branches stretching towards the sky and its leaves shimmering with an otherworldly glow.

Legend had it that anyone who tasted the apricots from the tree would be granted a wish – but only if their heart was pure and their intentions noble.

One sunny morning, a curious young girl named Lily stumbled upon Apricot while exploring the village with her faithful dog, Rover. Intrigued by the tree's mystical aura, Lily reached out to pluck an apricot from its branches.

To her amazement, the apricot pulsed with a soft golden light, filling her with a sense of wonder and excitement. With a mischievous grin, Lily made a wish – she wished for a friend who would share in her adventures and brighten her days with laughter and joy.

No sooner had the words left her lips, a rustling sound echoed through the air, and from the branches of Apricot emerged a playful squirrel named Nutmeg. With his bushy tail and twinkling eyes, Nutmeg bounded towards Lily, his tiny paws outstretched in friendship.

From that moment on, Lily and Nutmeg became the best of friends, exploring every corner of the village together and embarking on whimsical adventures that filled their days with excitement and laughter.

But as the years passed and Lily grew older, the village faced a grave threat – a powerful sorceress named Morgana, who sought to drain Apricot of its magic and use it to cast a dark spell upon the land.

Determined to protect their beloved tree, Lily and Nutmeg set out on a daring quest to thwart Morgana's wicked plans. With Nutmeg perched on her shoulder and her heart filled with courage, Lily ventured deep into the enchanted forest where Morgana's lair lay hidden.

Along the way, they encountered all manner of magical creatures – from mischievous fairies to wise old owls – each one offering guidance and support in their quest to save Apricot.

But as they approached Morgana's lair, they were met with a formidable challenge – a towering wall of thorns that surrounded the sorceress's castle, trapping anyone who dared to enter.

Undeterred, Lily and Nutmeg pressed onward, their determination unwavering as they searched for a way to breach the barrier. And just when all hope seemed lost, Nutmeg had an idea.

With a flick of his tail and a sprinkle of fairy dust, Nutmeg summoned a gentle breeze that swept through the thorns, parting them like curtains and clearing a path to Morgana's castle.

With hearts pounding and adrenaline coursing through their veins, Lily and Nutmeg stormed into the castle, ready to confront Morgana and put an end to her dark reign once and for all.

But as they entered the throne room, they were met with a sight that took their breath away – Morgana, her eyes ablaze with fury, standing before Apricot with a wicked grin on her face.

With a wave of her hand, Morgana cast a powerful spell that sent Lily and Nutmeg flying across the room, their bodies tumbling to the ground in a heap.

As they lay there, bruised and battered, Lily reached out to Nutmeg, her voice filled with determination. "We can't give up now, Nutmeg," she said firmly. "We have to save Apricot and protect our village from Morgana's dark magic."

With a nod of agreement, Nutmeg rose to his feet, his eyes burning with determination. Together, they charged at Morgana, their hearts filled with courage and their minds focused on victory.

And then something extraordinary happened. As Lily and Nutmeg drew closer to Morgana, Apricot began to glow with a brilliant golden light, its branches reaching out to envelop them in a warm embrace.

With a triumphant cry, Lily and Nutmeg unleashed the power of Apricot's magic, channeling its energy into a powerful blast that sent Morgana reeling backwards, her dark powers no match for the pure-hearted friendship of Lily and Nutmeg.

As Morgana fled from the castle in defeat, Apricot's magic spread throughout the village, restoring peace and harmony to the land once more.

From that day on, Apricot became a symbol of hope and friendship in the village, its magic serving as a reminder that even in the darkest of times, the power of love and friendship will always prevail.

And as for Lily and Nutmeg, their bond grew stronger with each passing day, their adventures continuing long into the night as they roamed the village, spreading joy and laughter wherever they went.

But amidst the celebrations, Lily and Nutmeg knew that their greatest adventure was yet to come – the adventure of a lifetime, filled with endless possibilities and boundless magic.

As they stood beneath the branches of Apricot, basking in its golden glow, Lily made a silent wish – a wish for their friendship to last forever, and for Apricot to continue watching over them, guiding them through whatever challenges lay ahead.

And as the stars twinkled in the night sky and the village slept peacefully below, Lily and Nutmeg knew that no matter where their adventures took them, they would always be together, bound by the unbreakable bond of friendship and the enchanting magic of Apricot, the magic tree.

And so, as dawn broke over the horizon and a new day dawned in the village, Lily and Nutmeg set off on their next adventure, their hearts full of courage and their spirits soaring high, ready to embrace whatever wonders the world had in store for them.

For in the world of Apricot, where magic blooms with every blossom and friendship blossoms with every heart, there is no limit to the adventures that await those who dare to dream and believe in the power of love.

And as they ventured forth into the unknown, hand in paw, Lily and Nutmeg knew that with Apricot by their side, anything was possible, and their journey would be filled with wonder, laughter, and the magic of true friendship.

The end.

Le Avventure di Albicocco, l'Albero Magico

Nel cuore di un pittoresco villaggio incastonato tra colline ondulate e ruscelli tortuosi, c'era un albero di albicocche molto particolare chiamato Albicocco. Questo non era un albero ordinario, perché possedeva un segreto magico conosciuto solo da pochi.

La storia di Albicocco iniziò molti anni fa quando un gentile vecchio mago di nome Merlino piantò un singolo seme di albicocca nel centro della piazza del villaggio. Con il passare degli anni, il seme crebbe in un magnifico albero, i suoi rami tendevano verso il cielo e le sue foglie luccicavano con un bagliore di un altro mondo.

La leggenda diceva che chiunque assaggiasse le albicocche dell'albero sarebbe stato esaudito un desiderio, ma solo se il loro cuore fosse puro e le loro intenzioni nobili.

Una mattina soleggiata, una giovane ragazza curiosa di nome Lily incrociò il cammino di Albicocco mentre esplorava il villaggio con il suo fedele cane, Rover. Intrigata dall'aura mistica dell'albero, Lily tese la mano per cogliere un'albicocca dai suoi rami.

Con sua grande meraviglia, l'albicocca pulsava con una soffice luce dorata, riempiendola di un senso di meraviglia ed eccitazione. Con un sorriso birichino, Lily formulò un desiderio:

desiderava un amico con cui condividere le sue avventure e illuminare le sue giornate con risate e gioia.

Appena le parole lasciarono le sue labbra, un suono di fruscio echeggiò nell'aria, e dai rami di Albicocco emerse uno scoiattolo giocoso di nome Noce. Con la sua coda folta e gli occhi luccicanti, Noce balzò verso Lily, le sue piccole zampe tese in amicizia.

Da quel momento, Lily e Noce divennero i migliori amici, esplorando ogni angolo del villaggio insieme e intraprendendo avventure stravaganti che riempivano le loro giornate di emozioni e risate.

Ma con il passare degli anni e Lily che cresceva, il villaggio si trovò di fronte a una grave minaccia: una potente strega di nome Morgana, che voleva svuotare Albicocco della sua magia e usarla per lanciare un incantesimo oscuro sulla terra.

Decisi a proteggere il loro amato albero, Lily e Noce intrapresero una sfida coraggiosa per ostacolare i piani malvagi di Morgana. Con Noce appollaiato sulla sua spalla e il cuore pieno di coraggio, Lily si avventurò nel profondo della foresta incantata dove si nascondeva la tana di Morgana.

Durante il viaggio, incontrarono ogni sorta di creature magiche: dalle fatine dispettose ai saggi vecchi gufi, ognuno di loro offriva guida e supporto nella loro ricerca per salvare Albicocco.

Ma mentre si avvicinavano alla tana di Morgana, si trovarono di fronte a una sfida formidabile: un muro di rovi alti che circondava il castello della strega, intrappolando chiunque osasse entrare.

Non scoraggiati, Lily e Noce proseguirono, la loro determinazione invariata mentre cercavano un modo per superare la barriera. E proprio quando sembrava che ogni speranza fosse perduta, Noce ebbe un'idea.

Con un colpo di coda e una spruzzata di polvere di fata, Noce evocò una brezza leggera che si insinuò tra i rovi, aprendoli come tende e aprendo un varco verso il castello di Morgana.

Con il cuore che batteva e l'adrenalina che scorreva nelle vene, Lily e Noce irruppero nel castello, pronti a confrontarsi con Morgana e porre fine al suo regno oscuro una volta per tutte.

Ma mentre entravano nella sala del trono, si trovarono di fronte a uno spettacolo che li lasciò senza fiato: Morgana, gli occhi fiammeggiavano di furia, in piedi di fronte ad Albicocco con un sorriso malvagio sul volto.

Con un gesto della mano, Morgana lanciò un potente incantesimo che fece volare Lily e Noce attraverso la stanza, i loro corpi rovinarono a terra in un ammasso.

Mentre giacevano lì, feriti e malconci, Lily si rivolse a Noce, la sua voce piena di determinazione. "Non possiamo arrenderci adesso, Noce," disse fermamente. "Dobbiamo salvare Albicocco e proteggere il nostro villaggio dalla magia oscura di Morgana."

Con un cenno d'accordo, Noce si alzò in piedi, gli occhi ardenti di determinazione. Insieme, si scagliarono contro Morgana, i loro cuori pieni di coraggio e le loro menti concentrate sulla vittoria.

E poi accadde qualcosa di straordinario. Mentre Lily e Noce si avvicinavano a Morgana, Albicocco cominciò a brillare di una luce dorata brillante, i suoi rami si protendevano per avvolgerli in un abbraccio caldo.

Con un grido trionfante, Lily e Noce scatenarono il potere della magia di Albicocco, canalizzando la sua energia in una potente esplosione che fece barcollare Morgana all'indietro, i suoi poteri oscuri non erano nulla in confronto all'amicizia pura di Lily e Noce.

Mentre Morgana fuggiva dal castello in disfatta, la magia di Albicocco si diffuse per il villaggio, ripristinando pace e armonia sulla terra una volta per tutte.

Da quel giorno in poi, Albicocco divenne un simbolo di speranza e amicizia nel villaggio, la sua magia servì come un ricordo che anche nei momenti più bui, il potere dell'amore e dell'amicizia trionferà sempre.

www.ingramcontent.com/pod-product-compliance
Lightning Source LLC
Chambersburg PA
CBHW061626130726
47996CB00003B/1139